Abenteuer *Training*

Mathematik – 6. Schuljahr
Im alten Rom

Spielerische Übungen
Mit Lösungsheft, Bastelbogen und Rätselspiel

Uwe Bergmann

Ernst Klett Verlag für Wissen und Bildung
Stuttgart · Dresden

 Gedruckt auf Papier, das aus chlorfrei gebleichtem Zellstoff hergestellt wurde.

Die Deutsche Bibliothek – CIP-Einheitsaufnahme

Bergmann, Uwe:
Im alten Rom: spielerische Übungen für das 6. Schuljahr ;
mit Lösungsheft, Bastelbogen und Rätselspiel / Uwe Bergmann. –
1. Aufl. – Stuttgart ; Dresden : Klett-Verl. für Wissen und
Bildung, 1996
   (Abenteuertraining Mathematik)
   ISBN 3-12-929646-8

1. Auflage 1996
Alle Rechte vorbehalten
Fotomechanische Wiedergabe nur mit Genehmigung des Verlages
© Ernst Klett Verlag für Wissen und Bildung GmbH, Stuttgart 1996
Layout und Einbandgraphik: CALICO, Stuttgart
Einbandtypographie: Andreas Hemm (Plan B), Stuttgart
Graphiken: ERGO! (Dieter Weiss, Ute Haselmaier), Stuttgart
Satz und Repro: Schwabenrepro GmbH, Stuttgart
Druck und Bindung: Druckerei zu Altenburg, Altenburg
ISBN 3-12-929646-8

Inhaltsverzeichnis

Vorwort 5

Römer – einmal ganz privat

Aus grauer Vergangenheit 6
Spielereien mit Jahreszahlen 8
Wer ist der große Unbekannte? 9
Namenskunde und Familienklatsch 10
Stammbäume aus Zahlen 12
Römische Häuser haben ein Loch im Dach 14
Ohne Handwerker geht nichts 16
Wasser ist wertvoll 18

Zahlen, und was man damit machen kann

Das römische Zahlsystem 20
Schritte auf dem Weg zum Rechenkünstler 22
Was ist schon ein Jahr? 24
Auf und ab 25
Wie lang ist eine Stunde? 26
Zeitenrechnen – Rechnen mit Zeiten 28
Zahlen – Zahlen – Zahlen 29
Ferien – kein Fremdwort für Römer 30
Ferien sind immer zu kurz 32
„pecunia non olet" – Geld stinkt nicht 33
Die Stellenwerte bringen es 34

Freizeit und Vergnügen

Was macht ein Römer in seiner Freizeit? 36
Im Theater 38
Wasser für Rom 40
Aquädukte und Symmetrie 42
Bei den Steinmetzen 44
Ein Mosaik zum Ausmalen 46
Interessante Formen 47
Alle Kinder spielen gern 48
Ein Brettspiel – die Rundmühle 49

Organisation ist alles

Onkel Gaius ist zu Besuch 50
Ganz schön viele Körner 52
Messen mit den Fingern 54
Welch ein Durcheinander! 55
Ein Lager im Feindesland 56
Ordnung muß sein 58
Welcher Weg ist der kürzeste? 60
Gepflasterte Straßen 62
Rätselspiel: Alle Wege führen nach Rom 64

Beilage

Lösungsheft mit Informationen für die Eltern
4 Bastelbogen

Vorwort

In die interessante und aufregende Welt des römischen Weltreichs und in das Alltagsleben der Römer führt dich dieses Buch. Der junge Quintus zeigt dir einige Merkwürdigkeiten seiner Welt, über die du dich sicher wundern wirst: römische Häuser haben ein großes Loch im Dach – aber keine Fenster! Das römische Zahlensystem macht Rechnen fast unmöglich! Die Stunde ist im Sommer viel länger als im Winter! Viele spannende Informationen wirst du hier finden und dabei vergnüglich und ganz mühelos Mathe üben.

Damit du dich gut zurechtfinden kannst, sind manche Seiten in diesem Buch besonders gekennzeichnet.

I INFO   Hier gibt es interessante Informationen.

A AKTION   Hier gibt es Aufgaben, die du nicht im Buch oder allein mit dem Buch lösen kannst.

R RÄTSEL   Die Lösungen dieser Aufgaben findest du durch Raten oder Ausprobieren.

Wenn du etwas tun sollst, wird dir das *in einer besonderen Schrift* und mit numerierten Kästchen angezeigt. Die Lösungen vieler Aufgaben kannst du direkt in dein Buch schreiben, manchmal brauchst du mehr Platz, dann nimm ein Heft oder ein Blatt Papier dazu. Mit den Nummern der Aufgaben findest du auch die richtige Lösung im Lösungsheft. Diesem Band liegen vier Bastelbogen bei.

Das tolle Rätselspiel auf der letzten Seite kannst du lösen, wenn du den ganzen Band sorgfältig bearbeitet hast.

Autor und Verlag

Römer – einmal ganz privat
Aus grauer Vergangenheit

„Ave, amice!" – „Sei gegrüßt, Freund!" Gestatte, daß ich mich dir vorstelle. Mein Name ist Quintus.
Ich möchte dir in diesem Buch etwas über mein Leben in Rom erzählen.

Wir schreiben das Jahr 52 v. Chr. Aber – halt!
Das ist ja eure Zeitrechnung. Nach unserer römischen Zeit wäre es das Jahr 701. Wir rechnen nämlich immer „ab urbe condita", von der Gründung der Stadt Rom an, und die war ja bekanntlich im Jahr 753 v. Chr. Diese Zahl kannst du dir leicht merken: „753 = Sieben – Fünf – Drei: Rom schlüpft aus dem Ei."
Ganz so war es natürlich nicht. Nach der Sage war unser Urvater Romulus der Gründer der Stadt, die heute noch seinen Namen trägt.

In dieser Sage heißt es, daß Romulus und sein Zwillingsbruder Remus Söhne des Kriegsgottes Mars und einer Königstochter sind. Sie wurden von einem Diener als Säuglinge ausgesetzt, der eigentlich den Auftrag bekommen hatte, sie zu töten. Zunächst fand sie eine Wölfin, die sie auch ernährte. Später wurden sie dann von Hirten aufgezogen. Als sie herangewachsen waren, erzählten die Hirten ihnen von ihrer wahren Herkunft. Daraufhin nahmen sie Rache an ihrem Großonkel, der nicht nur für ihre Aussetzung verantwortlich war, sondern auch ihrem Großvater den Königsthron genommen hatte und ihre Mutter umbringen ließ.

Romulus und Remus wollten nun an den Ufern des Tibers eine Stadt gründen, und zwar nahe der Stelle, an der sie ausgesetzt worden waren. Jedoch gerieten sie in Streit über den genauen Standort dieser Stadt. Romulus begann mit dem Bau seiner Stadt, in der sich schnell Bauern und Hirten aus der Umgebung ansiedelten. Zur besseren Abgrenzung umgab Romulus sie mit einer ersten Mauer. Diese war jedoch so niedrig, daß Remus leicht hinüberspringen konnte. Darüber ärgerte sich Romulus so sehr, daß er seinen Bruder tötete. Dennoch regierte er noch viele Jahre über die Stadt Rom und erhielt den Beinamen „pater patriae" (Vater des Vaterlandes).

Spielereien mit Jahreszahlen

1 Hier sollst du ein wenig mit Jahreszahlen spielen. Berechne die fehlende Jahreszahl. Trage sie in die Kästchen ein.

Ereignis	Römer	heute
Gründung der Stadt Rom	0	753 v. Chr.
Zug Hannibals über die Alpen		218 v. Chr.
Caesar wird Konsul	694	
Augustus' Geburt		62 v. Chr.
Christi Geburt		0
Augustus' Tod		14 n. Chr.
Karl der Große wird Kaiser	1553	
Deutsche Einheit		1990 n. Chr.

Wer ist der große Unbekannte?

1 Löse die Aufgaben! Zu jedem richtigen Ergebnis erhältst du einen Buchstaben für das Lösungswort. Es handelt sich dabei um eine berühmte Persönlichkeit.

a) $2,5 - 1,7 =$ 0,8

b) $9 \cdot 0,4 =$ 3,6

c) $0,3 : 10 =$ 0,03

d) $2 : 8 =$ 0,25

e) $3,85 + 2,15 =$ 6

f) $0,3 \cdot 0,1 =$ 0,03

g) $0,5 \cdot 0,5 =$ 0,25

h) $0,59 + 0,41 =$ 1

i) $0,36 : 12 =$ 0,03

j) $0,13 + 0,12 =$ 0,25

k) $1,8 : 0,3 =$ 6

l) $0,9 + 0,35 =$ 1,25

m) $5 - 1,4 =$ 3,6

n) $2,9 + 1,1 =$ 4

o) $24 \cdot 0,25 =$ 6

p) $1,2 \cdot 3 =$ 3,6

q) $7,25 - 1,65 =$ 5,6

Ergebnisse:
- 3,6 = A
- 1,25 = C
- 4 = E
- 0,8 = G
- 0,03 = I = J
- 1 = L
- 5,6 = R
- 6 = S
- 0,25 = U

Lösungswort:

G A I U S   I U L I U S   C A E S A R
1 2 3 4 5   6 7 8 9 10 11   12 13 14 15 16 17

INFO

Namenskunde und Familienklatsch

Nachdem ich, Quintus Caecilius Parvus, dir schon meine Stadt vorgestellt habe, kommen wir jetzt zu meiner Familie.

Römer haben meistens drei Namen, sofern sie einer der vornehmen Familien abstammen, wie zum Beispiel Gaius Julius Caesar von den Juliern, Marcus Tullius Cicero von den Tulliern oder Publius Cornelius Scipio von den Corneliern.
Dabei ist der mittlere Name der **Familienname** und der erste Name der **Vorname**. Der dritte Name ist der sogenannte **Beiname**.

Er wurde im Laufe der Geschichte immer wichtiger, weil die vornehmen Familien lange Zeit immer dieselben 6 bis 11 Vornamen benutzten, die gerade in Mode waren. Deshalb kam es leicht zu Verwechslungen, und viele Namen kamen mehrfach vor.
Der Beiname Parvus hat übrigens eine besondere Bedeutung, und zwar „der Kleine". Entsprechend gibt es auch den Beinamen Magnus – „der Große".
Auch für den Vornamen Quintus gibt es eine Übersetzung: „der Fünfte". Quintus ist also das fünfte Kind seines Vaters.

Die gesamte Familie, die Familie der Caecilier, besteht aus
- dem Vater Marcus Caecilius Severus, dem Familienoberhaupt,
- der Mutter Julia (sie stammt aus der Familie der Julier),
- den Geschwistern und Verwandten
- und den Sklaven.

Frauen und Mädchen besitzen keine Vornamen – ebenso wie Sklaven. Sie tragen die weibliche Form ihres Familiennamens. Auch sonst haben sie wenig Rechte. Die Mädchen nehmen nur teilweise am Unterricht teil, der in den vornehmen Häusern von gebildeten Sklaven geleitet wird. Diese Sklaven stammen hauptsächlich aus Griechenland.

Während die Frauen fast ausschließlich im Haushalt tätig sind und das Haus nur selten verlassen, kümmern sich die Männer und die heranwachsenden Knaben um ihre Geschäfte und ihr gesellschaftliches Ansehen.

Als Familienoberhaupt hat der Vater das Recht, wie ein Richter alle anderen Familienangehörigen zu bestrafen, falls notwendig auch zu schlagen. Sklaven dürfen dabei sogar getötet werden. Zum Glück ist Vater Marcus trotz seines Beinamens Severus („der Strenge") eher milde.

Stammbäume aus Zahlen

Zwischen den Mitgliedern der Familie der Caecilier gibt es Beziehungen und Abhängigkeiten, wie du ja schon erfahren hast. Auch bei Zahlen kannst du so etwas finden.

Zahlen haben Teiler. Alle Teiler einer Zahl gehören zur jeweiligen „Familie".

Beispiel: 12 hat die Teiler 1, 2, 3, 4, 6, und 12. Der zugehörige Familienstammbaum der 12 sieht dann so aus:

Du kannst aus dem Stammbaum weitere Beziehungen zwischen den Familienmitgliedern ablesen, z.B.: 4 ist Teiler von 12, 2 ist Teiler von 6 und auch von 4, und so weiter.

1 *Kannst du diese Stammbäume ausfüllen? Schreibe dir von jeder Zahl erst sämtliche Teiler auf:*

45 _____

21 _____

16 _____

28 _____

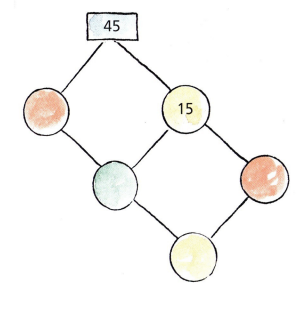

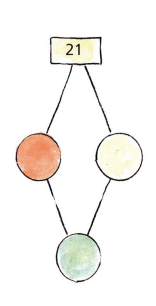

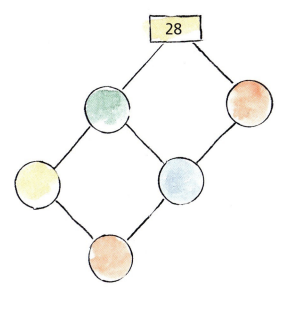

INFO

Römische Häuser haben ein Loch im Dach

Ich lade dich nun ein, dir unser Haus anzuschauen.

Römer kennen unterschiedliche Arten von Wohnhäusern. Ein Haus in der Stadt, so wie das, in dem Quintus wohnt, nennt man „domus". Es ist eingeschossig und bietet normalerweise einer Familie Platz. Den Grundriß und die Zimmeraufteilung kannst du unten sehen.

Sicherlich ist dir schon aufgefallen, daß das Haus mitten im Dach ein großes Loch hat. Dieses Loch befindet sich über dem Raum, den man das Atrium nennt. Vom Atrium aus kann man in alle anderen Zimmer gelangen, es ist sozusagen der Mittelpunkt des Hauses. Außerdem befindet sich hier der Herd, und nun weißt du auch, warum ein Loch im Dach bleiben muß – man konnte nämlich noch keinen Schornstein bauen, und der Rauch muß ja irgendwie abziehen. Das Loch im Dach hat aber noch eine weitere Bedeutung. Die Häuser besitzen nur ganz wenige Fenster, und zwar hauptsächlich zum Garten hin. Das Licht muß daher von oben ins Haus fallen – eben durch das Loch im Dach.
Wo Licht hineinfällt, kann aber auch Regen fallen, wirst du jetzt sagen. Das ist richtig! Und deshalb befindet sich im Boden des Atriums, genau unter dem Loch im Dach, ein Wasserbecken, das „impluvium". Das hier aufgefangene Regenwasser wird zum Teil in einen Wassertank, eine Zisterne, abgeleitet. Ein Teil des Wassers bleibt jedoch im Impluvium

INFO

und sorgt dafür, daß es im heißen Sommer im Haus angenehm kühl bleibt. Römer besitzen also eine Art Klimaanlage. Du siehst, das Loch im Dach hat vielfältige Bedeutungen.

Außerdem gibt es in einer großen Stadt wie Rom auch mehrstöckige Wohnhäuser, sogenannte „insulae" (= Inseln). Wohlhabende Familien besitzen meist noch ein oder mehrere Häuser auf dem Land. Ein solches Landhaus heißt „villa".

Du fragst dich jetzt vielleicht, wie die Häuser eingerichtet sind. Nun – spärlich ist vielleicht der richtige Ausdruck. Es gibt nur wenige Möbel, hauptsächlich Truhen, Tische, Liegen und – von den Römern erfunden – Schränke. In einer Truhe („cista" oder „arca") bewahren sie Geräte, Vorräte und Kleider auf, manche davon, mit Ausnahme der Kleidungstücke, auch in einem Schrank („armarium"). Bücher gehören natürlich in ein Regal. Viele Geräte werden auch einfach an die Wand gehängt oder auf ein Brett oder einen Mauervorsprung gestellt. Betten und Liegen bestehen aus einem Holzgestell mit einer Matraze und zum Teil abnehmbaren Kopfstützen. Solche Liegen befinden sich auch im Speisezimmer um den Tisch („mensa") herum. Seit längerer Zeit ist es nämlich Sitte, daß die Männer bei Tisch liegen anstatt zu sitzen. Du kannst es ja einmal ausprobieren – aber bitte nicht kleckern!

Die Wände wurden übrigens nicht mit Tapeten beklebt, sondern bemalt, manchmal mit Ornamenten, oft aber auch mit richtigen Bildern.

Ohne Handwerker geht nichts

Hier siehst du den Grundriß von Quintus' „domus".

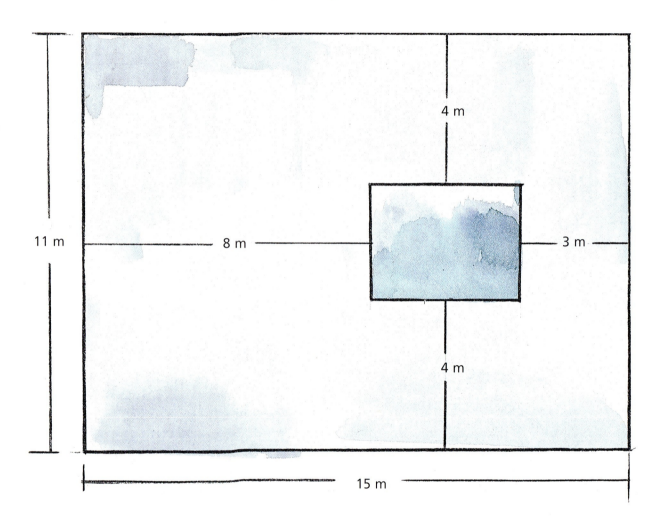

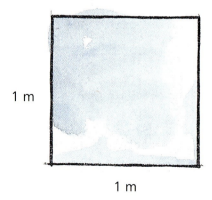

Im Frühjahr soll der Fußboden mit solchen Marmorplatten ausgelegt werden. Der „Marmorarius" verwendet gern griechischen Marmor vom Hymettos-Gebirge, weil der so schön bläulich glänzt.

 Wie viele Platten werden benötigt?

Bedenke, daß das Wasserbecken ausgespart wird.

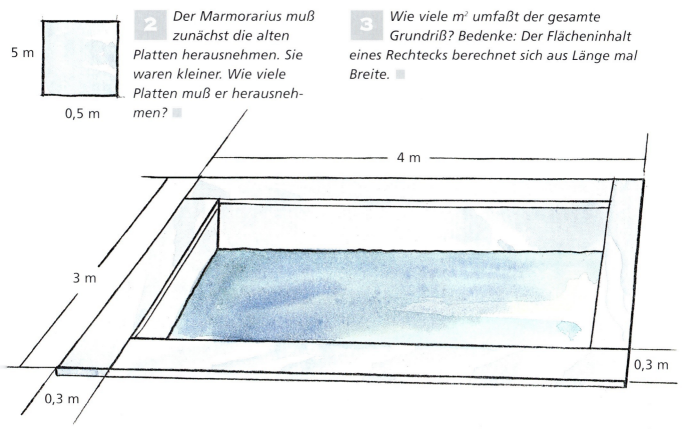

2 Der Marmorarius muß zunächst die alten Platten herausnehmen. Sie waren kleiner. Wie viele Platten muß er herausnehmen? ▪

3 Wie viele m² umfaßt der gesamte Grundriß? Bedenke: Der Flächeninhalt eines Rechtecks berechnet sich aus Länge mal Breite. ▪

4 Das Impluvium erhält einen Beckenrand aus weißem Marmor vom Pentelikon-Gebirge. Der Rand ist 0,30 m breit und wird aus vier Teilen zusammengesetzt. Zeichne in diesen Grundriß die Abmessungen der Einzelteile hinein und berechne ihre Gesamtfläche. ▪ _____ m²

5 Innen und außen erhält dieser Marmorrand eine schmückende Auflage aus Kupferblech. Wie lang ist das benötigte Blechstück? ▪
innen _____ m   außen _____ m
insgesamt _____ m

Wasser ist wertvoll

1 Das Brunnenbecken nimmt einen großen Teil des Regenwassers auf. Wie viele m³ faßt dieses Becken?

3 m · 2 m · 1 m = _____ m³

2 Die Handwerker müssen das Becken auf 1,5 m vertiefen und von 3 m auf 3,5 m verlängern. Berechne den neuen Rauminhalt.

_____ m³

3 In diesen Würfel paßt 1 l Wasser. Wie viele l passen dann in 1 m³?

Rechne so:
10 dm · 10 dm · 10 dm = _____ dm³
_____ dm³ = _____ l

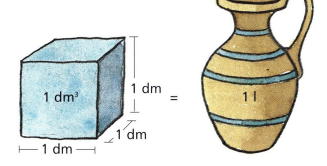

4 Rechne diese Rauminhalte in l um.
a) 3 m³ = _____ dm³ = _____ l
b) 4,5 m³ = _____ dm³ = _____ l
c) 1,75 m³ = _____ dm³ = _____ l

5 Wie viele l passen in das alte Brunnenbecken? _____ l
Und wie viele passen in das neue?
_____ l

6 Das neue Becken soll ebenfalls mit Kupferblech ausgekleidet werden. Trage die Maßzahlen in die Flächen ein und berechne sie.
Gesamtfläche _____ m²

19

Zahlen, und was man damit machen kann
Das römische Zahlsystem

Wie jede zivilisierte Gesellschaft besitzt auch die römische schon Zahlen. Sie begegnen uns in Rom auf Schritt und Tritt – ob als Inschriften oder als Hausnummern, auf Meilensteinen oder Kalendern. Die zugehörigen Zahlzeichen wurden von den Griechen übernommen und etwas weiterentwickelt, das heißt, vereinfacht. Die einzelnen Zeichen – allesamt Buchstaben – und ihre Bedeutung kannst du der folgenden Tabelle entnehmen.

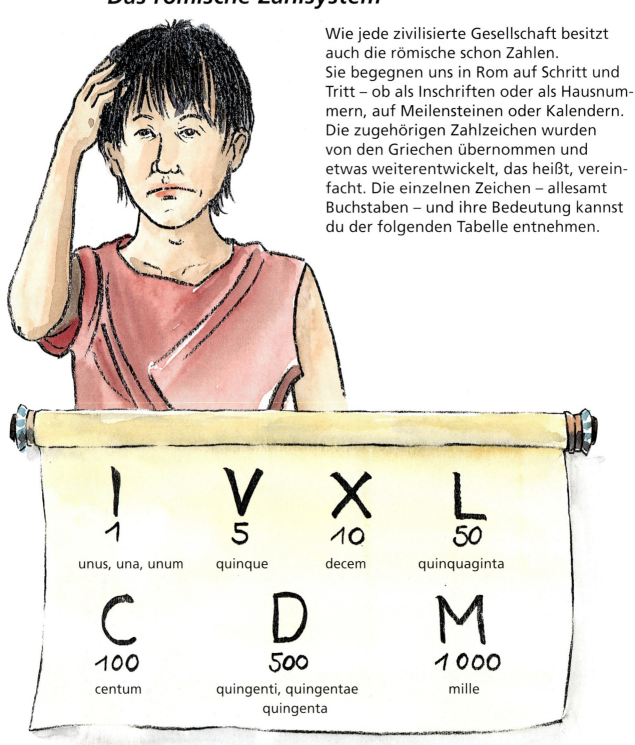

I	V	X	L
1	5	10	50
unus, una, unum	quinque	decem	quinquaginta

C	D	M
100	500	1000
centum	quingenti, quingentae quingenta	mille

Aus diesen Zahlzeichen werden nun die übrigen Zahlen zusammengesetzt, und zwar hauptsächlich durch Aneinandersetzen, z. B.

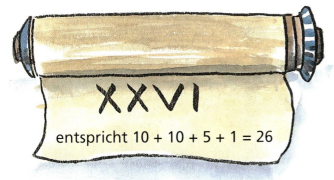

entspricht 10 + 10 + 5 + 1 = 26

Dabei gelten die folgenden Regeln:
- Die Zahlzeichen werden der Größe nach aufgeschrieben.
- Es dürfen nicht mehr als drei gleiche Zeichen hintereinander stehen. (Ausnahme: 4 kann geschrieben werden als IIII oder IV.)
- Steht ein kleineres Zeichen vor einem größeren, so wird sein Wert subtrahiert. (Beispiel: XL entspricht 50 – 10 = 40)

Du fragst dich jetzt, wie man mit diesen Zahlen rechnen kann.
Das ist gar nicht so leicht zu beantworten. Denn es leuchtet sicherlich ein, daß man schon ein Meister der Rechenkunst sein muß, wenn man weiß, daß XVII mal III gleich LI ist. Du kannst es ja gern einmal nachprüfen. Rechenzeichen, wie + und –, • und : gibt es übrigens nicht. Stattdessen benutzen die Rechenkünstler die Finger, Tabellen oder den Abacus. Aber auch damit ist es schwierig, über das Addieren oder Subtrahieren einfacher Zahlen hinaus etwas zu berechnen. Schon für einfaches Multiplizieren sind derartige Zahlen völlig ungeeignet. Entweder sollte man das Ergebnis schon vorher wissen oder man muß es in einer Multiplikationstabelle nachschlagen. „Ich für meinen Teil bin froh, daß ich mich mit solch schwierigen Dingen wie Rechnen nicht beschäftigen muß!" sagt Quintus.

Schritte auf dem Weg zum Rechenkünstler

Versuche dich selbst im Umgang mit römischen Zahlen!

1 Ergänze die fehlenden Angaben.

III	→	1 + 1 + 1 = 3
XX	→	10 + 10 = 20
CC	→	_____ = ___
MMM	→	_____ = ___
_____	→	1 + 1 = 2
_____	→	100 + 100 + 100 = 300

2 Hier mußt du verschiedene Zahlzeichen miteinander kombinieren können.

XI	→	10 + 1 = 11
IX	→	10 – 1 = 9
VI	→	5 + 1 = 6
IV	→	_____
MC	→	_____
CM	→	_____
CX	→	_____
XC	→	_____

Schreibe selbst:

60 = 50 + 10 _____
40 = 50 – 10 _____

3 Bist du jetzt in der Lage, die Inschriften auf den Säulen zu entziffern?

a) MCXX = 1000 + 100 + 10 + 10 = _____

b) MCCL = _____

a) MDCLV = _____

4 Zu ärgerlich! Hier fehlen Zahlzeichen. Kannst du sie ergänzen?

XX___V = 24   CCCL = 3___0

C___XXI = 171   MCM = 1___00

5 Der Steinmetz soll die folgenden Zahlen als römische Zahlzeichen in die leeren Säulen einmeißeln. Kannst du ihm helfen?

1393 = 1000 + 300 + 90 + 3

M _____

1641 = _____

_____

2249 = _____

_____

INFO

Was ist schon ein Jahr?

Mit der Zeitrechnung taten sich die alten Römer ziemlich schwer. Zunächst gab es nur 10 Monate mit insgesamt 304 Tagen. Erst später kamen der Januar und der Februar hinzu, so daß es nun 12 Monate mit zusammen 355 Tagen waren.
Einige Informationen zu den Monaten erhältst du in der folgenden Tabelle.

Name	Anzahl Tage	Bedeutung
Martius	31	dem Kriegsgott Mars heilig
Aprilis	29	von apricus (sonnig) abgeleitet
Maius	31	der Erdgöttin Maia heilig, Wachstumsmonat
Iunius	29	der Göttin Juno (Gemahlin Juppiters) heilig
Quintilis	31	zunächst fünfter Monat, später umbenannt in Julius nach Gaius Julius Caesar
Sextilis	29	zunächst sechster Monat, später umbenannt in Augustus nach dem Kaiser Augustus
September	29	siebenter Monat
October	31	achter Monat
November	29	neunter Monat
December	29	zehnter Monat
Januarius	29	dem Gott Janus (Gott des Anfangs und der Türen) heilig
Februarius	28	von februus (reinigend) abgeleitet, galt als Reinigungs- und Sühnemonat

Die Oberpriester hatten nun ihre Müh´ und Not, alle zwei Jahre die Unordnung wieder geradezurücken. Sie taten das durch Einfügen eines 22-tägigen Schaltmonats. Ohne diese Korrektur wäre das öffentliche Leben wohl zusammengebrochen, weil zum Beispiel die Bauern auf feste Daten für Aussaat und Ernte angewiesen sind. Dann hätte die Aussaat wohl bald im Winter beginnen müssen.
Erst im Jahre 45 v. Chr. sollte dann der nach Gaius Julius Caesar benannte Julianische Kalender in Kraft treten. Er legte das Jahr auf 365 1/4 Tage fest und galt in Rußland bis zum Jahr 1923. Jedes Jahr ist dabei allerdings um 11 Minuten und 12 1/2 Sekunden zu lang.
Caesar bewirkte auch, daß der Jahresbeginn auf den 1. Januar gelegt wurde. Das war gleichzeitig der Amtsbeginn der beiden Konsuln.
Die einzelnen Jahre wurden lange Zeit nicht mit Jahreszahlen bezeichnet, sondern mit den Namen der beiden Konsuln. Zum Beispiel ist das Jahr 63 v. Chr. das Jahr, in dem Marcus Tullius Cicero und Gaius Antonius Hybrida Konsuln waren.

Auf und ab

Quintus stellt sich vor, daß es mit seiner Stimmung im Jahr mal auf und mal ab geht.

1 Löse die Kettenaufgaben ebenfalls in auf- bzw. absteigender Folge.
Wenn du jedem Ergebnis den entsprechenden Buchstaben aus unserem Alphabet zuordnest, ergibt sich der Name eines römischen Gottes.

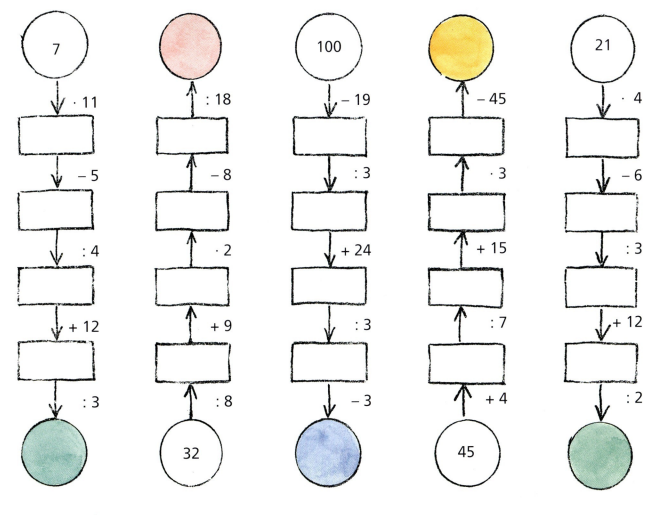

Lösung: J A N U S
            1 2 3 4 5

AKTION

Wie lang ist eine Stunde?

Mit den Uhrzeiten nehmen wir es nicht so genau.
Tag und Nacht sind unterschiedlich eingeteilt. Der Tag dauert von Sonnenaufgang bis Sonnenuntergang und wird in 12 Stunden unterteilt. Die Nacht dagegen wird in vier Wachen (zu jeweils drei Stunden) eingeteilt. Diese Einteilung stammt vom Militär.
Eine kleinere Einheit als die Stunde gibt es nicht. Das hätte auch gar keinen Sinn, denn schon die Stunden sind unterschiedlich lang. Je nachdem, ob Sommer oder Winter ist, oder ob man im Süden oder im Norden des riesigen Reichs wohnt, ist es unterschiedlich lange hell. Und diese Zeit der Helligkeit wird nun in zwölf Teile geteilt. So kommt es, daß eine Sommerstunde in Rom etwa 1,25 (fünf Viertel) mal so lang ist wie eine „normale" Stunde, eine Winterstunde dagegen nur das 0,75-fache (drei Viertel) beträgt.

1 *Wie lang ist demnach eine römische Sommerstunde, wenn die „normale" Stunde wie bei uns 60 Minuten beträgt?*

_____ Minuten

Gib ebenso die Länge einer Winterstunde an.

_____ Minuten

Du kannst dir vorstellen, daß das Messen dieser Stunden nicht so einfach ist. Zumeist benutzen die Römer dazu ein „solarium", eine Sonnenuhr, die es so oder so ähnlich auch schon bei den alten Griechen, Ägyptern, ja sogar Babyloniern gab.

Dabei nutzen wir aus, daß die Erde sich in 24 Stunden genau einmal um die eigene Achse dreht. Dadurch ist eine Hälfte der Erde immer der Sonne zugewandt, und es ist Tag. Von der Erde aus gesehen, scheint die Sonne im Osten „aufzugehen", wandert im Laufe des Tages über den südlichen Himmel und geht abends im Westen unter. Dabei ist wichtig, daß sie um 12 Uhr mittags genau im Süden steht.

AKTION **A**

2 *Auf dem Bastelbogen zu S. 27 hinten im Buch findest du das Zifferblatt einer Sonnenuhr. Schneide es aus und stecke einen Strohhalm oder kleinen Stab in den Mittelpunkt des Halbkreises. Lege nun das Zifferblatt in die Sonne und drehe es so, daß der Schatten des Stabes um 12 Uhr mittags genau auf der 12 Uhr-Linie des Zifferblatts liegt. Nun kannst du die anderen Zeiten anhand des Schattens verfolgen. (Hinweis: Bei der Umstellung auf die Sommerzeit mußt du das Zifferblatt einfach um einen Strich weiterdrehen.)*

Leider funktionieren solche Uhren nicht bei Regen oder nachts. Deswegen wurde bei den Griechen gleich noch die Wasseruhr abgeguckt, die du hier sehen kannst.

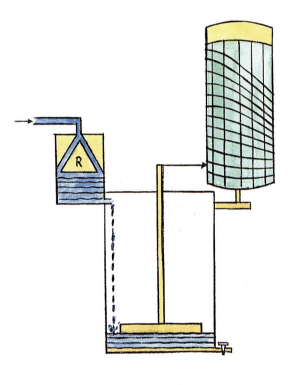

Weil die Sache mit den Uhren so kompliziert ist und schließlich nicht jeder Römer eine Sonnenuhr am Handgelenk trägt, hat man sich im alltäglichen Leben an ungefähre Zeitangaben gewöhnt. So bedeutet etwa
- mane   früh morgens,
- meridies Mittag (12 – 14 Uhr),
- vesper   Abend,
- nox   Nacht.

Zeitenrechnen – Rechnen mit Zeiten

Dein Leben ist stärker an die Uhr gebunden als das der Römer. Daher mußt du auch mit den kleineren Zeiteinheiten umgehen können.

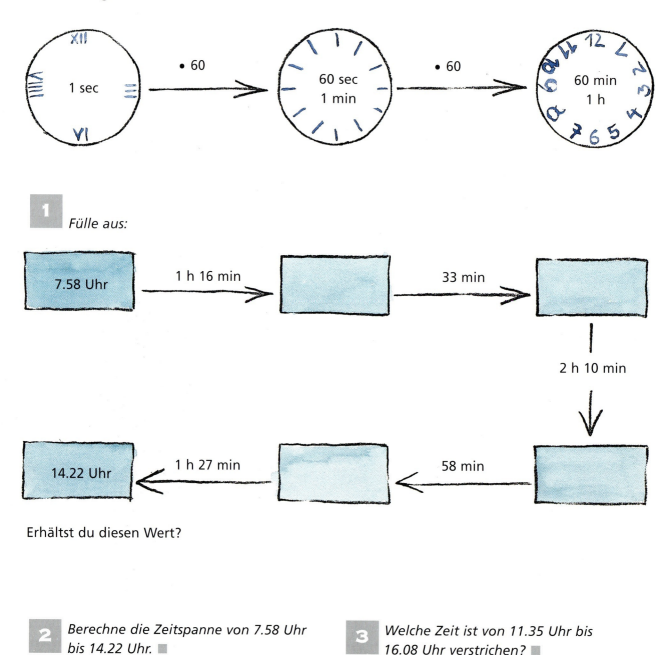

Erhältst du diesen Wert?

2 Berechne die Zeitspanne von 7.58 Uhr bis 14.22 Uhr.

_____ Stunden _____ Minuten

3 Welche Zeit ist von 11.35 Uhr bis 16.08 Uhr verstrichen?

_____ Stunden _____ Minuten

Zahlen – Zahlen – Zahlen

1 Hier sind Zahlenkärtchen mit römischen und arabischen Zahlen durcheinandergeraten. Wenn du die römischen Zahlen den entsprechenden arabischen richtig zuordnest, erhältst du ein wichtiges Gerät.

Lösung: S O N N E N U H R
         1 2 3 4 5 6 7 8 9

Ferien – kein Fremdwort für Römer

Selbstverständlich gibt es im römischen Kalenderjahr auch Feste.
Zunächst solltest du wissen, daß in jedem Monat drei feste Tage eingerichtet und mit Namen versehen worden sind.
1. Kalendae (Kal.): immer der erste Tag eines Monats.
2. Nonae (Non.): der fünfte Tag des Monats (Ausnahme: In den Monaten März, Mai, Juli und Oktober ist es der siebente Tag.)
3. Idus (Id.): der dreizehnte Tag des Monats (Ausnahme: In den Monaten März, Mai, Juli und Oktober ist es der fünfzehnte Tag.)

Übrigens heißen die Nonen (Nonae) deshalb so, weil sie immer 9 (novem) Tage vor den Iden (Idus) liegen. Alles klar? Römer lieben es nun einmal, rückwärts zu zählen. Das Datum 10. März hieße demnach „fünf Tage vor den Iden des März" oder der 25. April hieße „vier Tage vor den Kalenden des Mai".
Versuche doch selbst einmal, deinen Geburtstag auf „römisch" auszudrücken.

Nun zurück zu den Festtagen. Es gibt feste und bewegliche Festtage. Mehrere aufeinanderfolgende Festtage heißen „feriae". Zu den wichtigsten – und läng-

sten – „feriae" gehören die Saturnalien. Sie dauern vom 13. bis zum 21. Dezember und werden zu Ehren des Gottes Saturn (Gott des Ackerbaus) begangen. Es handelt sich um eine Mischung aus Erntedank- und Neujahrsfest. So wird der Beginn des neuen Jahres und das Ende der kühlen Jahreszeit mit einem großen und vor allem lauten Umzug gefeiert, ähnlich wie beim Karneval. An diesen Tagen feiert die Familie mit Freunden und Bekannten und es werden Geschenke ausgetauscht. Die Sklaven werden ausnahmsweise einmal von ihren Herren verwöhnt und erhalten Leckereien.

Höhepunkt der Feierlichkeiten in Rom ist ein großes Opfer vor dem Tempel des Saturn mit anschließendem Festmahl.
Außer an den festen und beweglichen Festtagen wird auch dann gefeiert, wenn die römischen Truppen einen Sieg errungen haben oder wenn die Götter mit besonderen Opfern günstig gestimmt werden sollen.
Alle Festtage eines Jahres werden in steinerne Festkalender eingetragen, die an wichtigen Plätzen in der Stadt öffentlich aufgestellt werden. Hier kann sich jeder informieren, denn es gibt ja keine anderen Medien wie Zeitung, Radio, usw.

Quintus sagt:
„Welch ein armseliges Leben müßtet Ihr eigentlich führen, wenn wir nicht alle diese wunderbaren Dinge erfunden hätten, die Ihr dann so einfach übernommen habt: Kalender von „Kalendae" (erster Tag des Monats), Festtag von „dies festus" und vor allem **Ferien** von „feriae."

Ferien sind immer zu kurz

Ferien sind sicherlich auch kein Fremdwort für dich. Willst du die Dauer der Ferien berechnen, mußt du die Länge der jeweiligen Monate berücksichtigen.

Dabei hilft dir die sogenannte „Faustregel". Die Knöchel kennzeichnen immer Monate mit genau 31 Tagen, die Zwischenräume Monate mit weniger als 31 Tagen.

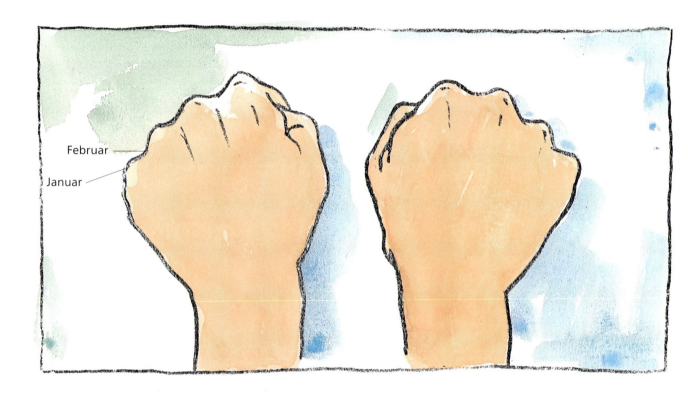

 Berechne also die Länge der Ferien!

<u>Sommerferien 1996</u>
Niedersachsen: 27.6. – 7.8. _____ Tage
(27.6. ist erster, 7.8. letzter Ferientag.)
Brandenburg: 20.6. – 31.7. _____ Tage
Saarland: 18.7. – 28.8. _____ Tage
Bayern: 1.8. – 16.9. _____ Tage
Baden-Württemberg: 25.7. - 7.9. _____ Tage
Nordrhein-Westfalen: 4.7. - 14.8. _____ Tage

2 Eine Ferienreise soll am 19.7. beginnen. Sie dauert 15 Tage. An welchem Tag ist sie beendet?

„pecunia non olet" – Geld stinkt nicht

Im täglichen Leben spielen die Brüche eine wichtige Rolle, insbesondere beim Geld.
Die Einheit bildet das „As". Ein As besteht aus einer Mischung aus Bronze und Blei und wiegt etwa 327,5 Gramm. Diese Grundeinheit wird in Zwölftel geteilt, und daraus ergeben sich wieder neue Münzwerte.

1 Wir unterscheiden die folgenden Münzwerte. Ergänze die fehlenden Brüche. ■

Bruch	Münzwert
$\frac{1}{12}$ As	uncia
$\frac{2}{12}$ As = $\frac{1}{6}$ As	sextans
$\frac{3}{12}$ As = __ As	quadrans
$\frac{4}{12}$ As = __ As	triens
$\frac{6}{12}$ As = __ As	semis

2 Stelle ebenso diese Brüche dar. ■

$\frac{7}{12} =$ $\frac{8}{12} =$

$\frac{9}{12} =$ $\frac{10}{12} =$

$\frac{11}{12} =$ $\frac{12}{12} = 1$, also ein „As".

Umgehen mit Geld ist bei den Römern zugleich Bruchrechnung. Jeder Bruchteil in Zwölfteln kann nämlich durch geschicktes Umwechseln mit Hilfe der Münzwerte gewonnen werden.

Beispiel:
$$\frac{5}{12} = \frac{4}{12} + \frac{1}{12} = \frac{1}{3} + \frac{1}{12}$$
also ein „triens" plus eine „uncia".

Die Stellenwerte bringen es

Wie du im Zusammenhang mit dem römischen Geld erfahren hast, kannten die Römer auch Bruchzahlen. Sie wurden jedoch nicht so geschrieben wie heute. Man benutzte zum Beispiel das Zeichen – für „uncia" und das Zeichen **S** für „semis".
Heute lernst du, daß für Bruchzahlen zweierlei Schreibweisen verwendet werden: mit Bruchstrich oder mit Komma (Dezimalbrüche). Zwischen den beiden Schreibweisen gibt es einen Zusammenhang, den du aus dieser Gleichung ersehen kannst:

$$\frac{3}{4} = 3 : 4 = 0{,}75$$

Daß die Römer Bruchdarstellungen mit Komma nicht kannten, ist Folge ihres Zahlsystems. Sie sind nur möglich in Stellenwertsystemen wie unserem heutigen.

1 *Rechne die Bruchzahlen in Kommazahlen um.*

$\frac{1}{4} = 1 : 4 = 0{,}$ _____

$\frac{3}{8} =$ _____ $=$ _____

$\frac{3}{10} =$ _____ $=$ _____

2 *Es geht auch umgekehrt.*

$0{,}65 = \frac{65}{100} = \frac{13}{20}$

$0{,}875 =$ _____ $=$ _____

$0{,}45 =$ _____ $=$ _____

3 Wer gehört hier zu wem?

| 0,7 | 0,15 | 0,125 | 0,25 | 0,12 |

Mit solchen Dezimalbrüchen hast du mehr Probleme.

$\frac{5}{6} = 5 : 6 = 0{,}86666\ldots$

4 Rechne hier selbst:

$\frac{7}{12} = 7 : 12 = 0{,}$ _____

So findest du derartige Problemfälle: Überzeuge dich, daß der Bruch vollständig gekürzt ist. Zerlege dann den Nenner in seine Primfaktoren.

Bei $\frac{5}{6}$ ist $6 = 2 \cdot 3$.

Kommt in dieser Zerlegung ein Primfaktor vor, der von 2 oder 5 abweicht (hier 3), so bricht der Dezimalbruch <u>nicht</u> ab.

5 Überprüfe diese Gesetzmäßigkeit an den folgenden Beispielen.

$\frac{4}{15} = $ _____ $=$ _____ $\frac{11}{20} = $ _____ $=$ _____

Freizeit und Vergnügen
Was macht ein Römer in seiner Freizeit?

Da auch die Römer natürlich nicht den ganzen Tag lang arbeiten, suchen sie regelmäßig Abwechslung und Zerstreuung. Besonders beliebt ist dabei der Besuch öffentlicher Bäder. Der Besuch eines Bades ist auch den Frauen und Mädchen erlaubt – natürlich zu anderen Zeiten oder in räumlich getrennten Bereichen.

Eine römische Badeanstalt („balneae") ist ein großes Gebäude mit vielen unterschiedlichen Räumen. Darin gibt es Aus- und Ankleideräume, Spiel- und Sporthallen, Wasserbecken mit unterschiedlich temperiertem Wasser sowie ein Dampfbad. In den Räumen ist es auch im Winter behaglich warm. Dafür sorgt ein ausgeklügeltes Heizungssystem. Die Fußböden und Wände werden mit heißer Luft beheizt, die durch Hohlräume strömt. Wände und Fußböden sind oft mit prächtigen Mosaiken ausgekleidet.

Weniger für körperliche als für geistige Wohltaten geeignet sind die Besuche des Theaters oder der Zirkusspiele. Prachtvoll sind schon die dazugehörigen Bauwerke, Meisterleistungen der Architekten.
In ein Theater passen 10.000 bis 24.000 Menschen, in einen Circus sogar über 50.000. Bei den Circus-Spielen ist immer etwas los!
Da gibt es Wagenrennen, bei denen zwischen 4 und 12 von Pferden gezogene Wagen sieben Runden um die ovale Rennbahn („arena") fahren müssen.
Ein leichter Rennwagen („currus") besitzt zwei Räder und wird von vier Pferden gezogen, die nebeneinander herlaufen. Der Wagenlenker steht aufrecht und hält die Zügel in den Händen. Er muß aufpassen, nicht vom Wagen zu fallen, denn es ist durchaus erlaubt, den Gegner zu behindern, anzurempeln und sogar seinen Wagen umzuwerfen. Besonders in den engen Kurven zeigt sich, wer der beste Rennfahrer ist. Dort kommt es immer wieder zu schweren Unfällen mit Hautabschürfungen, Knochenbrüchen, manchmal sogar zu Todesfällen. Einziger Schutz der Wagenlenker sind Lederriemen, die um den Oberkörper gewickelt werden.
Außer den Wagenrennen werden häufig auch Gladiatorenkämpfe oder Tierhetzen veranstaltet. Derartige Schauspiele gefallen Quintus gar nicht gut, aber viele Römer haben es gern, wenn ein bißchen Blut fließt. Hinterher wird Sand darübergestreut und dann geht es weiter.

Im Theater

Quintus erzählt:
„Gestern habe ich mit meinem Vater Marcus, meinem Bruder Sextus und unserem Nachbarn Titus das Theater besucht.

Es ist ein riesengroßer, halbrunder Bau. Als wir ankamen, waren erst wenige Zuschauer da, so daß wir uns gute Plätze in der ersten Reihe aussuchen konnten.

Jeder von uns behauptete, er habe den günstigsten Platz gefunden, von dem aus man am besten die Bühne überblicken konnte. Du kannst hier sehen, wo jeder gesessen hat."

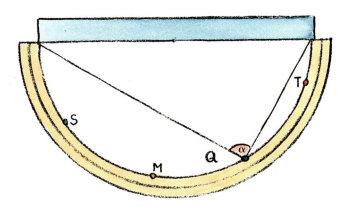

1 Wie Quintus von seinem Platz (Q) aus sehen kann, ist eingezeichnet. Zeichne ebenso ein, wie der Bühnenüberblick für Marcus (M), Sextus (S) und Titus (T) ist. Miß den jeweiligen Blickwinkel α aus. Was stellst du fest? ■

2 Zeichne einen Halbkreis in dein Heft.

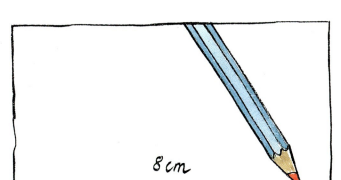

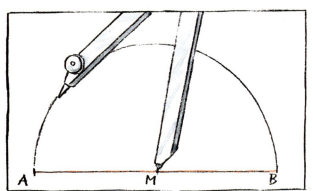

Wähle auf dem Halbkreis beliebige Punkte aus und verbinde sie jeweils mit A und B.

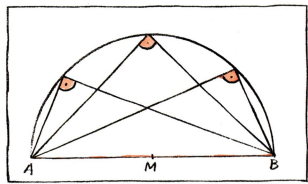

Es entstehen lauter rechte Winkel. Kontrolliere es an deiner Zeichnung. ■

3 Kann man auch in einem solchen Theater von jedem Platz in der ersten Reihe aus gleich gut sehen? Zeichne Blickwinkel ein und miß sie aus. ■

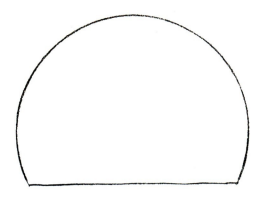

INFO

Wasser für Rom

Die Römer sind Weltmeister im Verbrauch von Wasser. Zum einen gönnen sie sich manchen Luxus, wie die großen Badeanstalten oder die Kanalisation, die sehr viel Wasser benötigen, ein großer Teil des wertvollen Nasses versickert aber auch aus undichten Leitungen und Becken. Da die Brunnen und Zisternen meist nicht genügend Wasser liefern, wird es oft von weither in kunstvoll gebauten Wasserleitungen – sogenannten Aquädukten – herangeführt.

Beim Bau einer derartigen Anlage müssen die Baumeister viele technische Probleme lösen.
Da Wasser bekanntlich immer abwärts fließt, muß das Gefälle der Leitung genau berechnet werden. Täler werden mit Brücken überspannt, die so präzise gebaut sind, daß sie teilweise noch in der heutigen Zeit benutzt werden können. Die Wasserrinne wird zum Schutz gegen Verdunstung und Verschmutzung mit Steinplatten abgedeckt.

Eigentlich wäre es gar nicht unbedingt notwendig gewesen, das Wasser mit „Brücken" über Täler fließen zu lassen, denn die Römer wußten schon, daß Wasser in Rohren bergauf fließen kann, wenn man ihm nur genügend Druck gibt. Sie stellten auch Wasserrohre her, und zwar aus Blei. Das Problem dabei war jedoch, zwei Bleirohre so miteinander zu verbinden, daß kein Wasser austreten konnte – besonders nicht unter Druck. Die römischen Techniker konnten keine Dichtungen herstellen, um diese Nahtstellen abzudichten.

Deshalb mußte das Wasser über Aquädukte in die Städte geleitet werden. Dort wurde es dann mit ausgeklügelten Leitungssystemen verteilt. Die schon erwähnten Bleirohre spielten hierbei eine wichtige Rolle, denn darin konnte das Wasser auch unterirdisch fließen. Leider war das Blei – wie man heute weiß – kein besonders geeignetes Material. Es ist nämlich gesundheitsschädlich.

 AKTION

Aquädukte und Symmetrie

Hier kannst du die Baupläne für die Bögen eines Aquädukts fertigstellen.

1 *Spiegele die eingezeichneten Punkte an der Spiegelachse. Verbinde die erhaltenen Bildpunkte.*
Denke daran: Punkt und Bildpunkt müssen von der Spiegelachse die gleichen Abstände haben. Ihre Verbindungslinie verläuft senkrecht zur Spiegelachse. ■

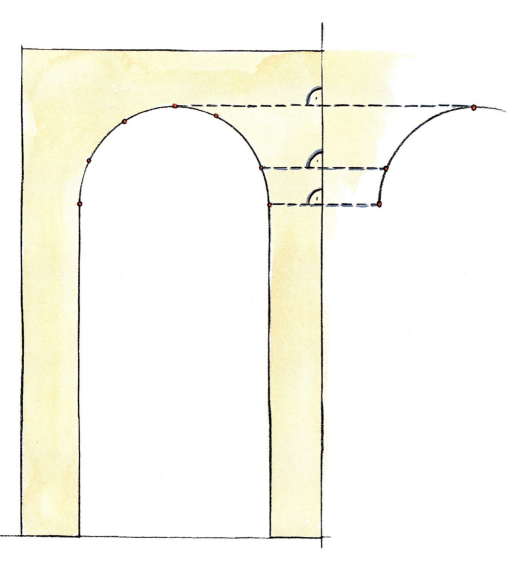

AKTION

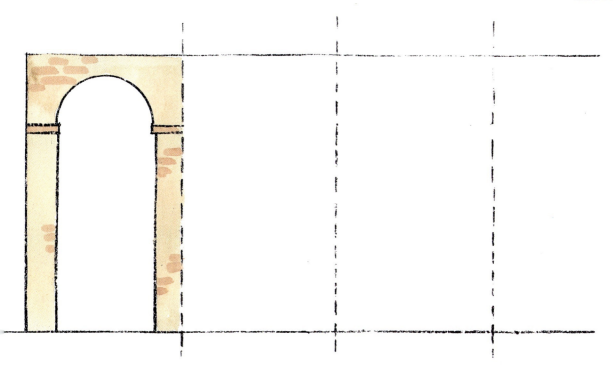

2 *Auf dem Bastelbogen zu S. 43/1 hinten im Buch kannst du das Spiegeln an einer Spiegelachse durch Falten und Ausschneiden der Figur ersetzen.* ■

Ein großes Aquädukt besitzt mitunter 20 oder mehr Bögen.

3 *Spiegele den Bogen zunächst an der ersten Spiegelachse. Spiegele dann das erhaltene Bild an der zweiten Spiegelachse und dann weiter an der dritten.* ■
Auch hierfür findest du hinten im Buch einen Bastelbogen zu S. 43/2. Du mußt ihn dann so falten:

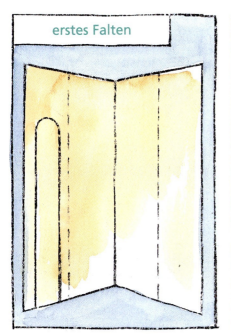
erstes Falten

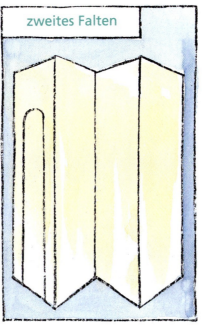
zweites Falten

ausschneiden

Bei den Steinmetzen

Das große Theater wird weiter verschönert. Insbesondere die „scenae frons" (Hintergrundwand) wird mit Säulen und Marmorfiguren geschmückt.

1 *Hier siehst du unterschiedliche Formen zugehauener Steine. Kannst du jedem Körper ein Kärtchen zuordnen?*

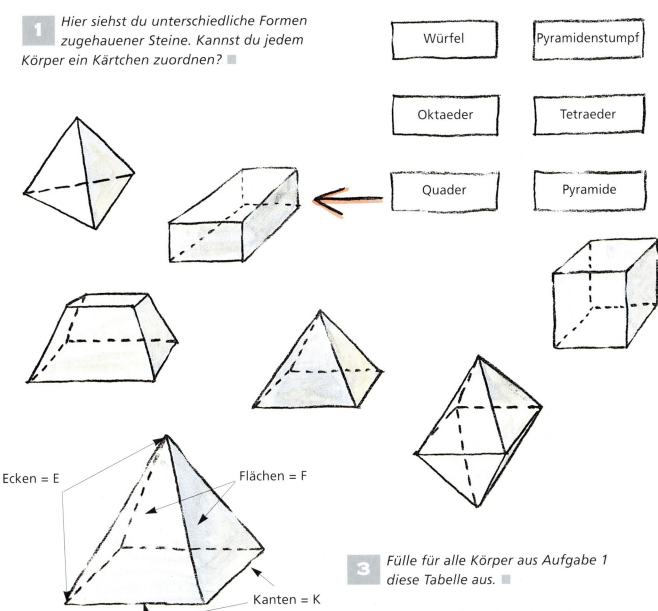

2 *Obwohl alle diese Körper so unterschiedlich aussehen, verbindet sie ein gemeinsames Gesetz. Zähle jeweils die Flächen, Ecken und Kanten dieser Pyramide.*
F = _____ E = _____ K = _____
Bilde F + E − K = _____.
Erhältst du den Wert 2?

3 *Fülle für alle Körper aus Aufgabe 1 diese Tabelle aus.*

	F	E	K	F + E − K
Pyramide	5	5	8	2
Pyramidenstumpf				
Würfel				
Quader				
Tetraeder				
Oktaeder				

 AKTION

Ein Mosaik zum Ausmalen

1 *Dieses Mosaik fand Quintus in einer Badeanstalt in Rom. Male es aus.*

leer	=	blau
1	=	dunkelbraun
2	=	hellbraun
3	=	rot
4	=	gelb
5	=	türkis

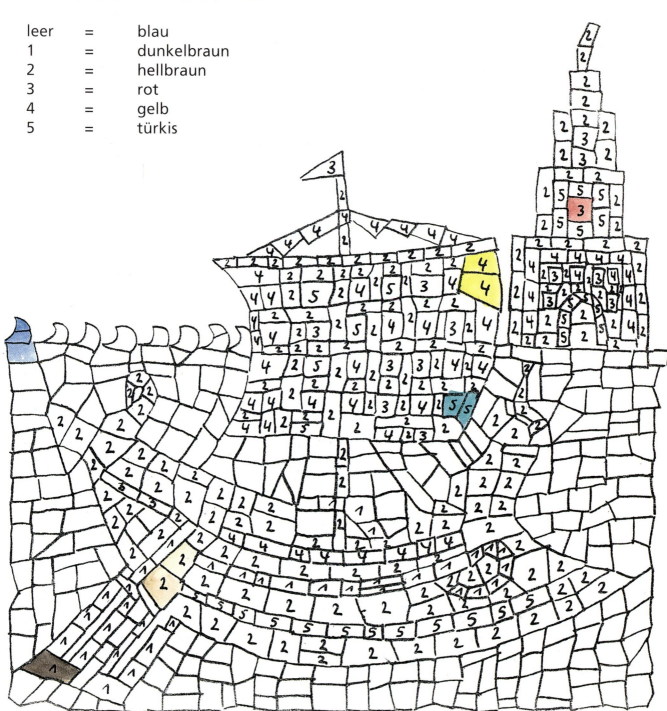

AKTION **A**

Interessante Formen

1 Diese Mosaiksteinchen sind bekannte geometrische Figuren. Nicht alle davon besitzen Symmetrieachsen (Spiegelachsen).

a) Zeichne in jede Figur alle vorhandenen Symmetrieachsen ein.
b) Zwei Figuren besitzen keine Symmetrieachse. Welche sind es? Zeichne die beiden Figuren.

2 Ganz schön verwirrend! Wie viele Quadrate und Dreiecke kannst du in dieser Figur (unten) erkennen?

Quadrate: _____

Dreiecke: _____

 AKTION

Alle Kinder spielen gern

Wir römischen Kinder kennen viele Spiele, die du sicherlich auch kennst: Verstecken und Fangen, Hüpfspiele, Ballspiele mit unterschiedlichen Bällen, Wippe und Schaukel, Spiele mit Reifen und Kreisel, Brettspiele und Würfelspiele.
Ich will dir hier kurz ein Würfelspiel vorstellen, das du wahrscheinlich noch nicht kennst.

Neben dem „normalen" Würfel mit sechs gleich großen quadratischen Seitenflächen, den wir „tessera" nennen, gibt es noch den „talus". Dieser ist ein stangenförmiger Quader mit vier gleich großen rechteckigen Seitenflächen. Die Seitenflächen zählen 1, 3, 4, und 6 Punkte. Man muß vier solcher „tali" gleichzeitig werfen. Werden dabei vier unterschiedliche Zahlen angezeigt, so hat man den besten möglichen Wurf, die „Venus" erreicht und gewinnt das Spiel. Andernfalls, also bei zwei oder drei gleichen Zahlen, verliert man; wie natürlich auch bei dem schlechtesten Ergebnis, vier Einsen, das wir „canis" (Hund) nennen.

Du kannst dir mit Hilfe des Bastelbogens zu S. 48, der sich hinten im Buch befindet, selbst solche Tali herstellen.

Ein Brettspiel – die Rundmühle

Spielregeln:
Jeder der beiden Spieler erhält drei Spielsteine (z. B. Steine, Nüsse, Münzen oder ähnliches).
Zunächst werden die Spielsteine abwechselnd gesetzt, danach von Punkt zu Punkt verschoben. Wer zuerst eine Mühle hat, also seine drei Spielsteine in eine Reihe gebracht hat, gewinnt das Spiel.

Du findest zu diesem Spiel hinten im Buch den Bastelbogen zu S. 49.

Tip:
Da man nur dann eine Mühle bekommen kann, wenn man die Mitte besetzt hat, wird der Spieler, der beginnt, seinen ersten Spielstein auf die Mitte setzen. Der andere Spieler muß nun versuchen, die übrigen beiden Spielsteine so zu blockieren, daß die Mitte geräumt werden muß.

Organisation ist alles
Onkel Gaius ist zu Besuch

Heute kehrt Onkel Gaius aus Gallien zurück. Onkel Gaius ist Zenturio in einer Legion, die in Gallien stationiert ist, in der Nähe des Flusses „Rhenus" (Rhein) an der Grenze zu Germanien. Der Onkel wird gern „Gaius rectus" genannt, was soviel heißt wie der Richtige, der Ordentliche, vor allem aber der Geradlinige.

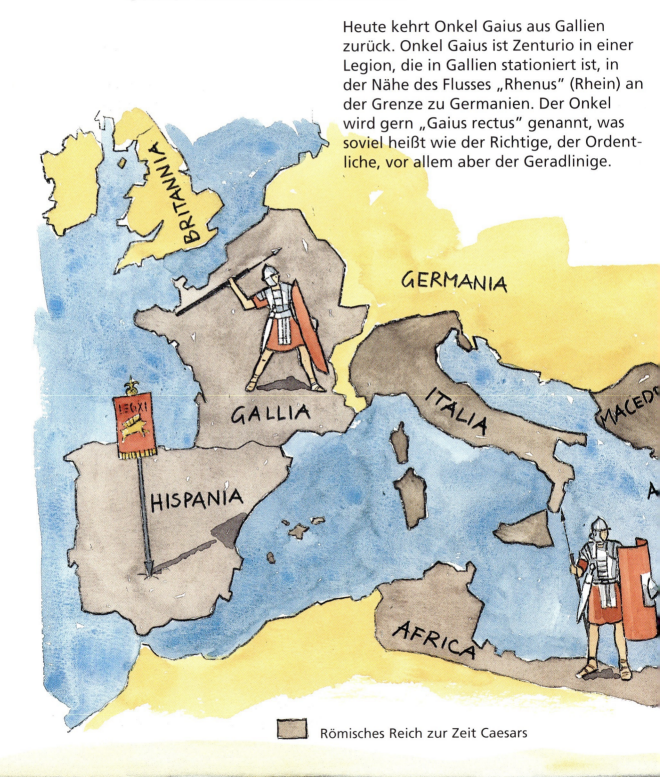

Römisches Reich zur Zeit Caesars

Onkel Gaius erzählt viel vom Leben der Soldaten in der Legion und von den Menschen in den eroberten Provinzen. Alle Gebiete, die von den römischen Feldherren und ihren Heeren im Laufe der Jahre erobert wurden, wurden für den Senat und das römische Volk in Besitz genommen.

Onkel Gaius erzählt:
„Das Leben eines Legionärs ist nicht leicht. Wenn sich die Legion auf dem Marsch befindet, muß er jeden Tag ungefähr 20 km marschieren und zwar von Sonnenaufgang bis Mittag, bei Eilmärschen deutlich länger.
Dabei trägt er natürlich sein Gepäck und zwar die Waffen (Schwert und Speer), sowie Helm, Lederpanzer, Beinschienen und Schild. Dazu kommen außerdem eine Axt, eine Säge, ein Korb, Eß- und Trinkgeschirr, ein Beutel mit Proviant und einige Holzpfähle. Das Gesamtgewicht des Gepäcks beträgt zwischen 20 und 40 kg.
Besonders anstrengend ist der Marsch, wenn er durch unwegsames Gelände führt, weil dann die Wagen des Trosses und die schweren Waffen und Geschütze geschoben und gezogen werden müssen. Außerdem besteht die immerwährende Gefahr des Überfalls durch feindliche Horden, die unsere Marschkolonne leicht von den Seiten her attackieren können."

Die Namen der wichtigsten Provinzen kannst du dieser Karte entnehmen.

Ganz schön viele Körner

Onkel Gaius erzählt:

„Zum ersten Mal in Gallien war ich als Soldat in einer Legion Caesars. Die Verpflegung war sehr ordentlich. Jeder Soldat bekam pro Tag 1022 g Weizen, den er sich mit seinem Trinkgeschirr abmessen konnte. Bei der Getreideausgabe bekamen wir immer gleich Ration für 16 Tage zugeteilt. Du kannst dir vorstellen, Quintus, daß mein Getreidesack dann besonders schwer war. Gegessen wurde zweimal am Tag, einmal zum Frühstück das „prandium" und einmal am Abend die „cena"."

Wir haben das Getreide immer erst zu grobem Mehl zermahlen. Danach wird es entweder in Asche oder auf heißen Steinen zu Brot gebacken oder zusammen mit Salz, Wasser und Fett oder Öl zu einem Brei gekocht, unser römisches Nationalgericht."

1 Quintus fragt: „Wie viele t Weizen wurden wohl pro Tag in Caesars Legionen verbraucht?"
Gaius antwortet: „Rechne selbst! Ein Mann benötigt pro Tag 1022 g.
Das sind für eine Legion von 5000 Mann _____ g oder _____ kg.
Caesars Heer hatte damals 6 Legionen. _____ kg oder _____ t."

2 Quintus sagt: „In einem Heer gibt es doch außer „normalen" Soldaten noch andere Mannschaften wie Hilfstruppen und Reiter sowie Tiere. Wie viele t Getreide müssen wohl alle 16 Tage ausgegeben werden?"

Gaius antwortet: „Auch das können wir leicht ausrechnen. Nimm die Zahl von vorhin und multipliziere sie mit 16. Addiere dazu noch ungefähr 340 t Weizen für die übrigen Mannschaften und etwa 360 t Gerste für die Tiere."
Quintus: „Das sind ja _____ t!
Jetzt interessiert mich nur noch, wie viele Getreidekörner das wohl sind!"
Gaius lacht: „Nun, dazu müßtest du ja wohl erst einmal zählen, wie viele Körner eine t Getreide enthält. Das solltest du lieber den Hühnern überlassen."

3 Kannst du Quintus helfen? Ein Getreidekorn wiegt ungefähr $\frac{1}{10}$ g.

Messen mit den Fingern

Praktischerweise haben römische Maße immer einen direkten Bezug zu unseren Körperteilen. So entspricht die kleinste Längeneinheit, der „digitus" einer Fingerbreite. Weitere Einheiten sind unter anderem Fuß, Elle oder Schritt.

Die Daten für die Umrechnung der einzelnen Einheiten findest du in der untenstehenden Tabelle.

1 *Fülle die letzte Spalte selbst aus!*

	Maßeinheit	Bedeutung	Länge
	1 digitus	Fingerbreite	1,85 cm
16 Fingerbreiten	1 pes	Fuß	cm
1,5 Fuß	1 cubitum	Elle	cm
2,5 Fuß	1 gradus	Schritt	cm
5 Fuß	1 passus	Doppelschritt	m
600 Fuß	1 stadion	Länge der Rennbahn eines Stadions	m
5000 Fuß = 1000 Doppelschritte	1 millarium	1 römische Meile	km

Weitere größere Einheiten sind die Wegstunde (15000 Fuß entsprechen 5,5 – 6 km) und die Tagesreise.

RÄTSEL R

Welch ein Durcheinander!

1 Hilf Quintus, wieder Ordnung zu schaffen! Verbinde die zusammengehörigen Größen mit einer Linie. Benutze die Tabelle auf S. 54.

2 Meilen

5 Ellen

48 Fingerbreiten

80 Fingerbreiten

6 Fuß

8 Fingerbreiten

1/2 Fuß

4 Ellen

8 Doppelschritte

1200 Fuß

3 Schritte

16 Schritte

3 Fuß

4000 Schritte

1 Doppelschritt

2 Stadien

Trage hier die zusammengehörenden Größen ein.

80 Fingerbreiten = _____

_____ = _____

_____ = _____

_____ = _____

_____ = _____

_____ = _____

_____ = _____

_____ = _____

cubitum

INFO

Ein Lager im Feindesland

Onkel Gaius berichtet:

„Nach jedem Marsch bauten wir ein befestigtes Lager, um uns vor nächtlichen Überfällen zu schützen. Weil jedes Lager wie ein Ei dem anderen gleicht, wußte jeder Legionär genau, was er zu tun hatte.

Zunächst suchen die Kundschafter einen geeigneten Lagerplatz aus. Am besten eignet sich ein Hügel, der nach allen Seiten Überblick bietet und sanft abfällt. Außerdem ist darauf zu achten, daß es in der Nähe Wasser, Holz und Grünfutter für die Tiere gibt.

Dann bestimmt der Vermessungstrupp die Ausmaße und die Aufteilung des Lagers. Der Lagergrundriß sieht jedesmal etwa so aus. Je nach Anzahl der Legio-

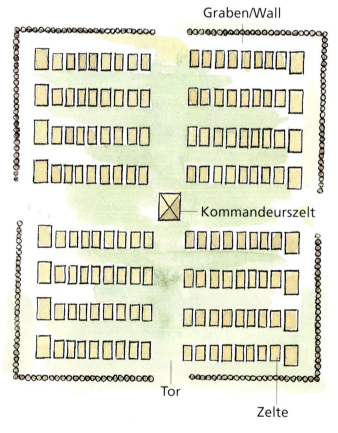

Graben/Wall

Kommandeurszelt

Tor

Zelte

nen, die darin untergebracht werden sollen, kann er größer oder kleiner sein.
Die Vermessungsleute benutzen die sogenannte Groma, die du hier sehen kannst.
Dadurch wird gewährleistet, daß der Lagergrundriß schön rechteckig wird.
Ist alles vermessen, beginnen die Legionäre mit dem Bau von Graben und Wall, die das Lager umgeben. Dabei wird der Graben mit Spaten ausgehoben und das Erdreich nach innen zu einem Wall aufgeworfen. Oben auf den Wall werden dann noch die Schanzpfähle gesteckt, von denen jeder Legionär einige in seinem Gepäck trägt. Erst wenn das Lager fertig ist, dürfen die Soldaten sich um ihre Zelte kümmern und das Essen zubereiten."

Ordnung muß sein

Wie die Heerlager wurden auch Felder und ganze Städte rechtwinklig vermessen.

Hier siehst du einen Ausschnitt aus einem Stadtplan. Von Straße zu Straße sind es ungefähr 50 m.

1 Quintus (Q) will auf dem kürzesten Weg seinen Freund Titus (T) besuchen. Zeichne einen Weg ein und berechne seine Länge. ■ _____

2 Am nächsten Tag wollen sich Quintus und Titus am Forum (F) treffen. Wie lang sind ihre kürzesten Wege? ■
Quintus _____ Titus _____

Um sich in einem solchen Stadtplan gut zurechtfinden zu können, gibt man von den einzelnen Kreuzungen die Koordinaten an.

Z hat dann die Koordinaten Z (2|3). (2|3) bedeutet:
2 Einheiten nach rechts
3 Einheiten nach oben

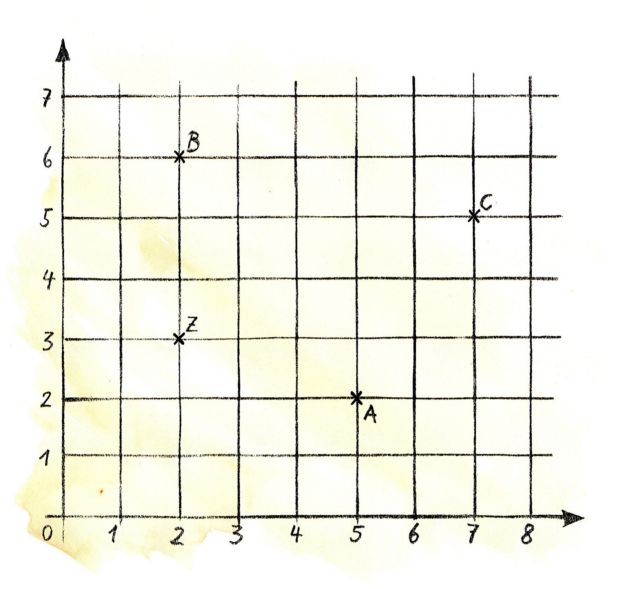

3 Gib hier die Koordinaten an:
A(_ | _)   B(_ | _)   C(_ | _)

4 Zeichne diese Punkte ein:
D (0|4), E (3|4) und F (5|4).
Liegen sie auf einer Geraden?

RÄTSEL

Welcher Weg ist der kürzeste?

Onkel Gaius berichtet, daß die Nachrichtenübermittlung zwischen den einzelnen Legionen eines Heeres oder zwischen den befestigten Lagern gar nicht so einfach war. Alle Botschaften mußten zu Fuß oder zu Pferd von Boten gebracht werden.

Onkel Gaius sagt:
„Besonders schlimm war es, als uns ein großes Heer der Gallier unter der Führung des tapferen Fürsten Vercingetorix angriff. Da durften die Boten keine Zeit verlieren."

1 Du siehst hier den Lageplan mehrerer Legionen. Ein Bote soll eine Nachricht vom Lager zu jeder der Legionen bringen und soll dann wieder ins Lager zurückkehren. Er darf dabei keinen Weg mehrfach benutzen. Ist das überhaupt möglich? Probiere es aus, indem du den Weg des Boten hier einzeichnest.

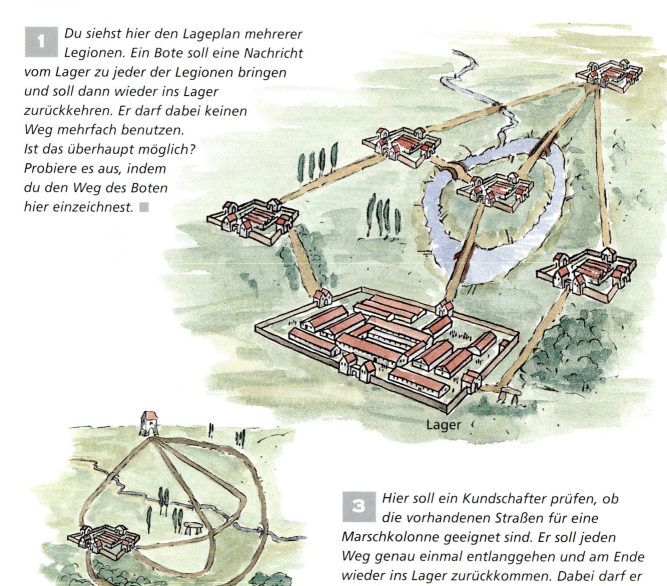

Lager

3 Hier soll ein Kundschafter prüfen, ob die vorhandenen Straßen für eine Marschkolonne geeignet sind. Er soll jeden Weg genau einmal entlanggehen und am Ende wieder ins Lager zurückkommen. Dabei darf er keinen Weg auslassen. Zeichne den Weg des Kundschafters ein.

RÄTSEL

2 Gelingt es dem Boten in diesem Fall, seine Nachricht in jedes Dorf zu bringen und zum Ausgangspunkt zurückzukehren? Auch hier darf er jeden Weg nur genau einmal gehen.

4 Überlege, wie der Kundschafter vom Lager in das Dorf kommt und dabei jede eingezeichnete Straße genau einmal entlangreitet.

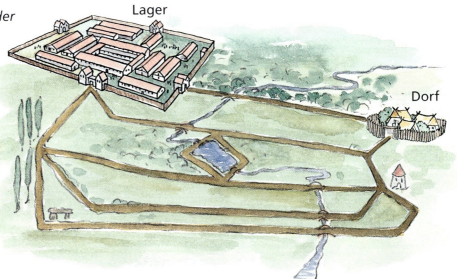

 AKTION

Gepflasterte Straßen

„Die beste Erfindung", schwärmt Onkel Gaius, „die du dir vorstellen kannst, sind unsere Straßen.
Wenn wir die nicht hätten, könnten wir eine so große Provinz wie Gallien gar nicht verwalten."

Im Laufe der Zeit sollten im römischen Reich insgesamt etwa 300.000 km Straßen angelegt werden, von denen viele heute noch benutzt werden, oder die heute als Trassen für moderne Verkehrsmittel dienen. Und so sieht eine Römerstraße aus:

AKTION

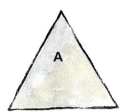
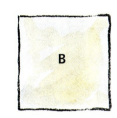
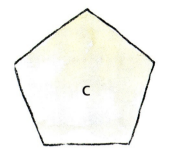
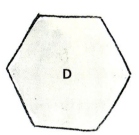

1 Quintus überlegt, daß es schön wäre, wenn man für den Straßenbelag regelmäßig geformte Steinplatten nähme. Er hat vier Sorten (A, B, C, D) zur Auswahl. Welche dieser Sorten kann man lückenlos aneinanderlegen? Untersuche es mit Hilfe des Bastelbogens zu S. 63/1, den du hinten im Buch findest.

4 Füge diese Bruchstücke wieder zusammen. Zeichne in das Rechteck ein, wie die Bruchstücke aneinandergelegt werden sollen. Miß zur Kontrolle die vier aneinanderliegenden Winkel. Überprüfe es mit den Figuren des Bastelbogens zu S. 63/2 hinten im Buch.

2 Beim Aneinanderlegen von Platten gibt es dann keine Lücke, wenn die Summe der entsprechenden Winkel 360° ergibt. Miß die Innenwinkel der einzelnen Platten und prüfe, ob die Maßzahl des Winkels ein Teiler von 360 ist.

A: Innenwinkel 60°. 60 ist ein Teiler von 360.

B: Innenwinkel ___ . ___ ist ___ Teiler von 360.

C: Innenwinkel ___ . ___ ist ___ Teiler von 360.

D: Innenwinkel ___ . ___ ist ___ Teiler von 360.

3 Eine Bodenplatte ist zerbrochen. Miß die Winkel der einzelnen Scherben. Beträgt die Summe der Winkel 360°?

α = _____ β = _____ γ = _____ δ = _____

Rätselspiel – Alle Wege führen nach Rom

1. sie mußt du bilden, um zu prüfen, ob eine Zahl durch 3 oder 9 teilbar ist
2. diese Vorsilbe vor Maßeinheiten bedeutet ein Zehntel
3. die Zahl unter dem Bruchstrich
4. dieser Körper wird von 4 gleichseitigen Dreiecken begrenzt
5. dieses Rechenbrett verwendeten die Römer
6. der Sage nach Gründer Roms
7. ergänze den Satz: 6 ist ein ... von 18
8. mit ihr maßen die Römer die Zeit
9. so nennt man eine Zahl, die genau 2 Teiler hat
10. ein mathematischer Grundkörper
11. nach dieser röm. Göttin ist unser 5. Monat benannt
12. in ihr sammelten die Römer das Regenwasser
13. dieses Volk unterwarf Caesar (bekanntlich bis auf ein Dorf!)
14. Einheit für die Masse
15. dieser röm. Feldherr führte einen besseren Kalender ein
16. ein altes Längenmaß
17. diese Zahl hat die besondere Eigenschaft, daß sie die Summe ihrer Teiler (außer sich selbst) ist
18. ein Längenmaß
19. der Teil der Ebene zwischen Erst- und Zweitschenkel
20. dieser Fluß fließt durch Rom
21. nach diesem röm. Gott ist unser erster Monat benannt
22. so bezeichnet man Zahlen wie 1,2 oder 4,07
23. eine Zeiteinheit

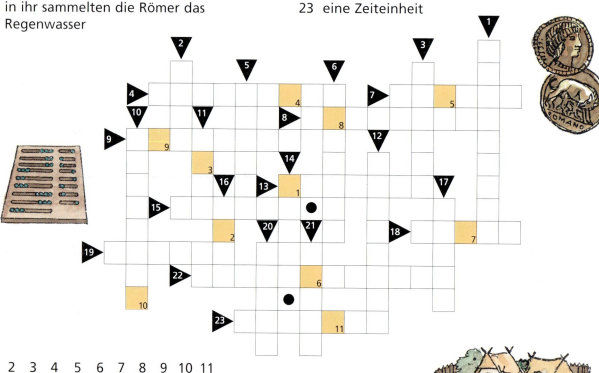

Übertrage die Buchstaben in den numerierten Kästchen und du erhältst das Lösungswort. Die Römer liebten das Vergnügen und das Abenteuer. Das Lösungswort nennt die Leute, die in der Arena dafür sorgen mußten. Sende das Lösungswort an: Ernst Klett Verlag für Wissen und Bildung, Training und Unterrichtsservice, Postfach 1170, 71398 Korb.